PLANETA ANIMAL
EL PEREZOSO

POR VALERIE BODDEN

CREATIVE EDUCATION • CREATIVE PAPERBACKS

Publicado por Creative Education
y Creative Paperbacks
P.O. Box 227, Mankato, Minnesota 56002
Creative Education y Creative Paperbacks son marcas
editoriales de The Creative Company
www.thecreativecompany.us

Diseño de The Design Lab
Producción de Rachel Klimpel
Dirección de arte de Rita Marshall
Traducción de TRAVOD, www.travod.com

Fotografías de Alamy (imageBROKER, Ivan Kuzmin, Panther
Media GmbH, Rosanne Tackaberry), Dreamstime (Seaphoto-
art), Getty (Frank Mcclintock/EyeEm, sdominick, Juan Carlos
Vindas), iStock (GeorgePeters, Snic320), National Geographic
Creative (STEPHEN ST. JOHN), Shutterstock (Parkol), Unsplash
(Adrián Valverde)

Library of Congress Cataloging-in-Publication Data
Names: Bodden, Valerie, author.
Title: El perezoso / Valerie Bodden.
Other titles: Sloths. Spanish
Description: Mankato, Minnesota : Creative Education and Cre-
ative Paperbacks, [2023] | Series: Planeta Animal | Includes
bibliographical references and index. | Audience: Ages 6-9 |
Audience: Grades 2-3 | Summary: "Elementary-aged readers
will discover that some sloths sleep the day away. Full color
images and clear explanations highlight the habitat, diet, and
lifestyle of these cute creatures."-- Provided by publisher.
Identifiers: LCCN 2022015771 (print) | LCCN 2022015772
(ebook) | ISBN 9781640265868 (library binding) | ISBN
9781682771419 (paperback) | ISBN 9781640007055
(ebook) Subjects: LCSH: Sloths--Juvenile literature. Classifica-
tion: LCC QL737.E2 B63518 2023 (print) | LCC QL737.E2
(ebook) | DDC 599.3/13--dc23/eng/20220413
LC record available at https://lccn.loc.gov/2022015771
LC ebook record available at https://lccn.loc.
gov/2022015772

Tabla de contenido

El perezoso pasa el día y la noche en los árboles.

El perezoso es el **mamífero** mas lento del mundo. El perezoso de dos dedos tiene dos dedos en las patas delanteras. El perezoso de tres dedos tiene tres dedos en las patas delanteras.

mamífero animal que tiene pelo o pelaje y alimenta a sus crías con leche

Sus garras curvas ayudan al perezoso a agarrarse de las ramas, pero le dificultan caminar sobre suelo plano.

El perezoso tiene una cabeza pequeña y redondeada. Tiene un pelaje marrón o gris. Sobre este pelaje crecen **algas** verdes. Sus patas delanteras son más largas que sus patas traseras. El perezoso tiene garras filosas.

algas organismos parecidos a las plantas que no tienen hojas, ni raíces, ni tallos y crecen en lugares húmedos o mojados

La mayoría de los perezosos de tres dedos miden aproximadamente entre 18 y 23 pulgadas (45,7–58,4 cm) de largo. Pesan alrededor de 8 libras (3,6 kg). Los perezosos de dos dedos generalmente son más grandes. Algunos pesan casi 20 libras (9,1 kg).

Al nacer, los perezosos de tres dedos pesan alrededor de media libra (0,2 kg).

Todos los perezosos viven en Centroamérica y Sudamérica. Hacen sus casas en lo alto de los árboles del bosque tropical. Ellos buscan lugares donde los árboles crezcan muy juntos.

El perezoso bayo es el tipo más común de perezoso de tres dedos.

El perezoso come principalmente hojas. También, come flores y frutas. El perezoso obtiene poca energía de su alimento. Por eso se mueve muy despacio. La mayor parte del agua que necesita, la obtiene de las plantas que come.

Las hojas del guarumo conforman la mayor parte de la dieta del perezoso de tres dedos.

La madre se cuelga boca arriba cuando tiene una cría. La cría trepa hacia el vientre de la madre. Ella lleva a la cría entre los árboles. Después de más o menos un año, la cría deja a su madre. Los perezosos pueden vivir entre 15 y 20 años.

La cría empieza a comer alimentos sólidos más o menos a los 10 días de nacido.

El perezoso pasa sus días solo, en los árboles. Se desliza por las ramas en busca de hojas nuevas. También descansa mucho. El perezoso duerme hasta 20 horas al día.

Cuando duerme, el perezoso se enrolla en forma de pelota para esconderse de las aves de presa.

*El perezoso no oye bien
ni ve bien, pero tiene un
excelente olfato.*

El suelo es un lugar peligroso para los perezosos. Allí **merodean depredadores** como el jaguar, por lo que los perezosos se cuelgan de los árboles boca arriba para esconderse de los depredadores. El perezoso baja de su árbol solo una vez a la semana. Va al baño y, luego, trepa nuevamente.

depredadores animales que matan y se comen a otros animales

merodear andar en secreto y sin hacer ruido

El perezoso puede sujetarse de un árbol con las garras de una sola pata.

Pocas
personas logran ver perezosos en la vida real. Es difícil detectarlos en la naturaleza. Pocos zoológicos tienen perezosos porque en **cautiverio** pueden enfermar. ¡Es divertido aprender acerca de estas lentas criaturas!

cautiverio tenerlo en un corral o jaula en lugar de dejarlo andar libre en la naturaleza

Un cuento del perezoso

Algunos animales

construyen nidos donde vivir, pero el perezoso no. En Brasil, la gente contaba una historia sobre esto. Decían que, hace mucho, hubo una fuerte tormenta. Los papás perezosos dijeron que al día siguiente construirían nidos para protegerse. Pero al día siguiente el clima mejoró. A los papás se les olvidó que necesitaban mejores casas. Cuando vino otra tormenta, los papás dijeron que construirían nidos. Pero se les volvió a olvidar. Por eso, los olvidadizos perezosos jamás construyen nidos.

Índice